AF246778

QUESTIONS

DE DROIT FORESTIER

PAR

A. PUTON

Professeur de Droit à l'École forestière de Nancy, Membre de l'Académie
de législation de Toulouse.

BIBLIOTHÈQUE NATIONALE
R.F.
IMPRIMÉS

DÉPÔT LÉGAL
Seine
N° 7609
1876

EXTRAIT DU RÉPERTOIRE DE LÉGISLATION FORESTIÈRE
numéro de juin 1876.

PARIS

TYPOGRAPHIE A. HENNUYER
RUE D'ARCET, 7

1876

Route forestière, expropriation pour cause d'utilité publique.

La déclaration d'utilité publique et, par suite, l'expropriation pour cause d'utilité publique, ne peut être accordée à des travaux de route forestière entreprise pour la vidange d'une forêt domaniale.

L'administration forestière avait présenté un projet de décret tendant à faire déclarer d'utilité publique l'achèvement de la route forestière de la Charmette (Isère). Ce projet a été repoussé en ces termes :

« La section de route hors forêt qu'il s'agit de construire doit, d'après les intentions exprimées par le département des finances, rester une route forestière, entretenue par les soins de l'administration des forêts et avec les ressources dont elle dispose.

« La volonté manifestée par l'administration des forêts de laisser l'usage de cette route au public ne change pas son caractère essentiel de route forestière faisant partie du domaine privé de l'Etat et non du domaine public.

« Tout au plus pourrait-on la ranger dans la catégorie de ces travaux qui servent à la fois à des intérêts privés et à des intérêts publics, et dont la nature ne justifie pas la déclaration d'utilité publique. »

Observations. — Il faut bien reconnaître que cette solution, dont l'effet est de priver l'administration des forêts d'un énergique moyen d'action pour l'exécution de ses travaux les plus importants, est cependant en parfaite conformité avec les lois qui régissent les routes forestières. L'effet des articles 146 et 147 du Code forestier, qui y punissent correctionnellement le fait de passage avec voiture et bestiaux, est tel que jamais les voies ouvertes par l'administration pour la vidange des produits forestiers ne pourront être considérées comme des chemins publics. Les peines prononcées par ces articles sont applicables aux faits de passage sur les chemins ouverts et empierrés dans les forêts de l'Etat et des communes, comme dans ceux des particuliers (Paris, 13 août 1868, *Rép. for.*, IV, 342, et Cass., 23 juillet 1858, *Ann. for.*, VIII, 1) ; quelle que soit la tolérance de l'administration à l'égard du public, les infractions sont toujours punissables, et les chemins ne sont, ainsi, jamais que des voies privées. Leur classement en chemins vicinaux ou ruraux peut seul leur enlever ce caractère et les faire passer dans la catégorie des ouvrages destinés à l'utilité publique ou à l'usage général. Ce serait donc là le seul moyen qui s'offrirait à l'administration pour vaincre des résistances obstinées et pour acquérir dans les propriétés particulières le passage indispensable à l'ouverture d'une route forestière. Les fonds destinés à la construction pourraient ainsi prendre le caractère de subvention à un chemin vicinal dans la partie située hors forêt, et dont l'établissement présenterait des difficultés, à raison du refus fait par les propriétaires de céder les terrains nécessaires au passage. Toutefois, si nous reconnaissons la parfaite juridicité de cette décision du Conseil d'Etat, pour les forêts que l'Etat possède à titre de simple propriétaire, nous pensons qu'il n'en saurait être de même pour les *routes de la Corse*, pour les travaux des *dunes* et pour les travaux faits dans les périmètres de *reboisement obligatoire* par l'administration des forêts. Ces travaux sont entrepris non simplement en vue de l'amélioration du domaine privé de l'Etat, mais au nom de l'utilité générale et des intérêts généraux du pays. La déclaration d'utilité publique en est formellement faite (L. 28 juillet 1860, art. 5) et l'expropriation pour cause d'utilité publique en serait la conséquence inévitable, comme nous le montrerons dans le numéro suivant.

A. Puton.

Arrêt du Conseil d'État. — 2 mai 1873.

Travaux publics, forêts domaniales, routes de vidange, compétence.

Les travaux de construction d'une route de vidange destinée à l'exploitation d'une forêt domaniale ne constituent pas un travail public, et les difficultés entre l'administration et l'entrepreneur ne sont pas de la compétence des conseils de préfecture.

L'exception d'incompétence à raison de la matière peut être opposée d'office et en tout état de cause, même en appel devant le Conseil d'État.

(Ministère des finances c. Barliac.)

Le sieur Barliac s'était rendu adjudicataire des travaux d'une route de vidange à établir dans la forêt domaniale de Bagnères-de-Luchon. Des contestations s'étant élevées entre lui et l'administration, il assigna l'Etat devant le conseil de préfecture de la Haute-Garonne. L'inspecteur des forêts, se fondant sur une disposition du cahier des charges qui réservait au ministre la connaissance des difficultés qui pouvaient s'élever sur le sens et l'exécution des conditions de l'entreprise, conclut à ce que le conseil de préfecture se déclarât incompétent ; mais, le 24 décembre 1866, le conseil de préfecture rejeta cette exception d'incompétence par un arrêté qui a été publié au répertoire de la *Revue des forêts*, t. III, p. 357.

Ce premier arrêté n'ayant pas été attaqué, l'affaire suivit son cours, et le 5 février 1867 le conseil de préfecture rendit un arrêté favorable à l'entrepreneur. Sur le pourvoi du ministre des finances, le sieur Barliac présenta ses défenses *au fond*. Il est à remarquer qu'aucune des parties ne contesta la compétence administrative, et que le ministre des finances avait adhéré formellement à celle du conseil de préfecture par une décision du 6 juillet 1867 qui a été portée à la connaissance du service forestier, comme règle future de conduite, par la circulaire du 8 novembre 1867, n° 74. Mais la communication donnée aux intéressés des questions qui seraient posées par le rapport au Conseil d'Etat leur ayant fait connaître que l'exception d'incompétence serait soulevée *d'office*, le sieur Barliac opposa à cette exception l'autorité de la chose jugée par l'arrêté du 24 décembre 1866. De son côté, l'administration des forêts présenta des observations qui peuvent se résumer ainsi :

« Les travaux publics, même dans le sens le plus restreint, comprennent nécessairement tous les travaux ayant pour objet l'intérêt public. Or, c'est exclusivement dans cet intérêt que l'Etat possède des forêts. Les forêts domaniales ont été de tout temps, de la part du législateur, l'objet d'une protection spéciale qui atteste la nature particulière de cette propriété. Elles avaient été, même sous la Révolution, exceptées de la vente des biens nationaux, et pendant longtemps la Cour de cassation a refusé, nonobstant l'article 2227 du Code civil, de les considérer comme prescriptibles (D., *Rép.*, v° Forêts, n° 971). M. Desjardins, dans son livre *De l'aliénation et de la prescription des biens de l'Etat, des départements, des communes et des établissements publics*, a démontré à quel point, pendant la période révolutionnaire, les forêts avaient été assimilées au domaine public. La loi du 22 décembre 1789 charge les administrations départementales des parties de l'administration qui sont relatives à la conservation des propriétés publiques, à celle des *rivières, forêts, chemins*. L'article 7 de la loi du 28 pluviôse an IV dit encore : « Ne sont pas compris dans les domaines nationaux hypo- « théqués aux mandats, les bois et forêts au-dessus de 300 arpents, et les « maisons et édifices destinés par la loi à un service public. » C'était la continuation de la doctrine proposée par la Chambre des comptes de Paris, que le sol forestier domanial ne pouvait pas tomber dans le domaine des hommes. M. Desjardins reconnaît, il est vrai, avec la jurisprudence actuelle de la Cour de cassation (Civ. cass., 27 juin 1854, D., *P.*, 1855, I, 261), que la loi du 25 mars 1817, qui avait affecté les forêts à la caisse d'amortissement, en a fait cesser l'imprescriptibilité. Cette conséquence n'était certainement pas prévue par le législateur qui, en les donnant en gage aux créanciers de l'Etat, avait voulu s'assurer une nouvelle garantie contre le retour des aliénations consenties en 1814, suspendues en 1816 et déjà regrettées en 1817. Quoi qu'il en soit, le Code forestier et l'ordonnance réglementaire du 1er août 1827, rendue pour son exécution, ont imprimé à nouveau un caractère spécial à la propriété forestière de l'Etat, et établi pour elle des exceptions que justifie seul l'intérêt public. Pour en assurer la conservation, le Code a prescrit (art. 8 à 12) de procéder dans les formes rapides des opérations administratives à leur délimitation et à leur bornage, et a admis qu'une prescription annale pouvait être opposée à toute réclamation des propriétaires riverains. Il a créé autour des forêts domaniales une zone dans laquelle les propriétés sont frappées de véritables servitudes (art. 152 à 158). L'ordonnance réglementaire (art. 68) prescrit de régler les aménagements principalement en vue des produits en matière et de l'éducation des futaies, c'est-à-dire dans les conditions les plus avantageuses au bien public, mais en même temps les plus onéreuses à l'Etat. L'administration des forêts est confiée à des agents spéciaux recrutés presque tous dans une école entretenue par l'Etat. Le chef de l'Etat est appelé sans cesse à intervenir dans les actes qui peuvent influer sur l'avenir des forêts. Les coupes extraordinaires ne peuvent être même autorisées que par des décrets spéciaux insérés au *Bulletin des lois* (art. 16), aucun droit d'usage ne peut être concédé (art. 62). Les adjudicataires de coupes qui violent les clauses du cahier des charges peuvent être traduits devant les Tribunaux correctionnels (tit. III, sect. iv). Toutes ces prescriptions ne s'expliqueraient pas s'il s'agissait d'un domaine privé destiné, comme celui des particuliers, à donner des revenus. Elles se justifient par cette considération que l'Etat seul peut administrer les forêts dans l'intérêt de la plus grande production en matière, ce qui est indispensable aux besoins de la société, et en futaies de nature à pourvoir aux besoins de la marine. Aussi est-il d'intérêt public d'établir les chemins nécessaires à l'exploitation et à la vidange, quand bien même les frais seraient hors de proportion avec les bénéfices. C'est ainsi que la loi du 28 juillet 1868, sur l'exécution des routes forestières, a affecté à cette dépense une subvention de 5 millions, à laquelle il devait être pourvu au moyen d'aliénations de coupes extraordinaires, et au besoin des *ressources ordinaires* du budget. La loi du même jour, sur le reboisement des montagnes, attribue encore plus expressément le caractère d'intérêt général aux travaux forestiers ; elle autorise aussi (art. 14) des prélèvements sur les fonds du budget ; l'article 2 prévoit que des subventions seront accordées à raison de l'utilité des travaux au point de vue de l'intérêt général ; l'article 4 admet que cet intérêt peut être assez grand pour donner le caractère obligatoire aux travaux de reboisement ; et l'article 7 permet même de poursuivre l'expropriation des terrains des particuliers. La commission du Corps législatif reconnut qu'il y avait là un grand intérêt public à défendre, celui de la protection des terrains inférieurs, et pour l'État un grand devoir à remplir. Si la création des forêts de montagnes, et celle dont il s'agit dans l'espèce est du nombre, présente un caractère particulier d'intérêt général, l'exploitation de ces forêts présente le même caractère ; d'autant plus que l'abandon de cette exploitation et le maintien prolongé des bois morts peuvent causer la destruction de massifs entiers. »

ARRÊT.

Le Conseil d'Etat : — Vu la loi du 28 pluviôse an VIII ;

Considérant que l'exception d'incompétence à raison de la matière peut être opposée en tout état de cause ;

Considérant que les travaux dont le sieur Barliac a été déclaré adjudicataire avaient pour objet la construction d'une route de vidange destinée exclusivement à l'exploitation d'une forêt dépendant du domaine de l'Etat ;

Que lesdits travaux ne rentraient pas dans la catégorie de ceux auxquels s'applique l'article 4 de la loi du 28 pluviôse an VIII, et que dès lors le conseil de préfecture était incompétent pour statuer sur la réclamation qui lui était soumise par le sieur Barliac :

Art. 1. L'arrêté du conseil de préfecture de la Haute-Garonne, du 5 février 1867, est annulé pour incompétence.

Du 2 mai 1873. — MM. Tambour, rapp. ; Perret, concl. ; Guyot, av.

Observations. — Par cet important arrêt, le Conseil d'État vient de renverser la jurisprudence qu'il avait fondée en 1852, et par laquelle il avait décidé, le 3 juillet 1852 (Mercier, arrêt rapporté dans le répertoire de la *Revue*, III, p. 244) que les travaux d'entretien d'une route forestière dans la forêt de Darney (Vosges) étaient de la catégorie de ceux auxquels s'applique l'article 4 de la loi du 28 pluviôse an VIII, et que les conseils de préfecture étaient compétents pour connaître des contestations sur le sens et l'exécution des marchés y relatifs. Ce revirement complet, d'une jurisprudence qui paraissait définitivement acquise, à laquelle le ministre des finances avait donné son adhésion le 6 juillet 1867 (circ., n° 74) et que les conseils de préfecture adoptaient, appelle quelques observations qui seront relatives à trois points : 1° la procédure sur l'incident ; 2° l'incompétence des conseils de préfecture ; 3° l'autorité chargée de juger les contestations relatives aux travaux forestiers dont la dépense est payée sur les fonds du ministère des finances.

I. *Procédure.* — C'est d'office et malgré les conclusions des parties, d'accord devant le Conseil d'État, pour accepter la compétence du conseil de préfecture, mais en désaccord sur le règlement du marché, que le Conseil d'État a annulé l'arrêté du conseil de préfecture de la Haute-Garonne ; or, c'est un point admis par tout le monde et par la jurisprudence la plus constante que l'exception d'incompétence, *ratione materiæ*, peut être admise en tout état de cause, tant qu'il n'y a pas chose jugée, même devant la Cour de cassation (civ. cass., 20 août 1867, D., *P.*, 1867, I, 376). Elle peut et doit être opposée d'office par les Tribunaux chargés de veiller au maintien des juridictions qui sont d'ordre public. A plus forte raison, doit-il en être ainsi devant le Conseil d'État, qui exerce sur l'administration le contrôle le plus élevé et le plus étendu.

II. *Incompétence des conseils de préfecture.* — L'article 4 de la loi du 28 pluviôse an VIII, attribue aux conseils de préfecture la connaissance « des difficultés qui pouvaient s'élever entre les entrepreneurs de *travaux publics* et l'administration concernant le sens ou l'exécution des clauses de leurs marchés ». Pendant longtemps, les plus vives controverses se sont élevées entre l'autorité judiciaire et les juridictions administratives sur le sens à attribuer aux mots *travaux publics*. On avait paru d'abord vouloir se restreindre aux travaux entrepris par l'Etat seul, mais une interprétation plus exacte l'a étendu à tous les travaux exécutés à l'aide des deniers publics par les différents organes des intérêts collectifs locaux : départements, communes, associations syndicales, qui représentent les intérêts du public tout entier. A l'égard des travaux communaux, la controverse a été des plus longues et n'a été tranchée qu'au moyen d'une distinction établie par une décision du Tribunal des conflits, du 8 novembre 1851 (Brun) en vertu de laquelle les travaux exécutés par les communes à l'occasion des biens qu'elles possèdent *comme de simples particuliers*, ne sont pas de la compétence administrative, celle-ci étant réservée uniquement aux travaux qui concernent l'*utilité générale de la société* et pour lesquels l'expropriation peut être accordée.

En ce qui concerne les travaux exécutés dans les forêts de l'Etat, la législation spéciale qui les régit, leur gestion par une administration publique, ont un instant décidé le Conseil d'État à les considérer comme travaux publics : 3 juillet 1852, Mercier, *Rép.*, t. III, 244. M. Serrigny, dans son *Traité de la compétence administrative*, 2ᵉ édit., nᵒ 1324, avait complétement admis cette solution, ainsi que M. Dufour, *Droit admin. appliqué*, VII, nᵒ 265 ; mais il a été sans doute remarqué que la distinction admise pour les travaux communaux entre les propriétés que les communes possèdent comme des particuliers et celles qui sont destinées à la satisfaction des besoins généraux du public, devait exister, au même titre, pour le département et par suite pour l'État. Un autre caractère généralement admis pour les travaux publics, est d'entraîner l'expropriation pour cause d'utilité publique ; or, si l'on admettait la compétence du Conseil d'État pour juger les contestations nées des travaux d'amélioration dans les forêts domaniales, cela entraînait, par voie de conséquence forcée, à reconnaître à l'administration des forêts le droit d'expropriation et d'occupation temporaire pour les exécuter, conséquence manifestement contraire aux articles 146 et 147 du Code forestier relativement aux chemins, qui sont les travaux les plus importants du service forestier. Le droit d'expropriation écarté en 1872, le Conseil d'État a dû logiquement écarter aussi la compétence des conseils de préfecture pour le jugement des contestations. C'est d'office et en quelque sorte dans l'intérêt de la loi et des principes, que cet arrêt du 2 mars 1873 a été rendu. Nous devons nous incliner devant cette jurisprudence, mais nous devons aussi y faire une restriction fondée sur le principe même et sur la distinction qui lui ont donné naissance.

1ᵒ Il y aura d'abord un cas où la qualité de travaux publics ne saurait être sérieusement contestée aux travaux faits par le service des forêts, c'est quand il s'agit des routes et autres ouvrages d'art nécessaires à l'exploitation des forêts de la Corse. Une loi spéciale des 16-25 juillet 1840 concerne ces travaux et arme formellement, par son article 6, l'administration et les concessionnaires du droit d'expropriation pour cause d'utilité publique pour l'exécution de ces routes et ouvrages d'art. Le grand intérêt qui s'attache à la mise en valeur de ces forêts, au point de vue des besoins généraux du travail national et de la marine, a conduit le législateur à établir ces règles spéciales. L'expropriation, cette conséquence juridique qui a fait revenir le Conseil d'État de sa jurisprudence, étant ici nettement et légalement admise, il faut bien que la qualité de travaux publics soit reconnue aux travaux forestiers de la Corse.

2° Si l'administration des forêts gère en qualité de régisseur du domaine les forêts que l'État possède à titre de grand propriétaire, elle accomplit aussi des actes d'administration générale, aú point de vue des intérêts collectifs de l'ordre le plus élevé. La fixation des dunes, par voie de plantation et d'ensemencement, ne se fait que dans un but de sécurité générale pour lequel l'administration est armée, par le décret du 14 décembre 1810, des pouvoirs les plus étendus confiés jadis, avant 1862, à l'administration des ponts et chaussées. Le caractère de travaux publics n'a jamais été contesté à ces ouvrages, pour lesquels le Conseil d'Etat a reconnu le droit d'occupation temporaire et d'extraction dans les terrains des particuliers (Cons. d'Etat, 8 juillet 1829, Préf. de la Gironde, Lebon, p. 252). Ce caractère ne saurait être changé par ce seul fait que le service des forêts a été substitué au service des ponts et chaussées, par le décret du 29 avril 1862, pour l'exécution des mêmes travaux. C'est ce qu'a reconnu le conseil de préfecture de la Gironde par un arrêté du 4 mai 1867 (Cayrel, *Rép. for.*, III, p. 258) qui ne paraît avoir été l'objet d'aucun recours devant le Conseil d'Etat, et dans lequel il s'agissait de travaux d'ensemencement et de palissades pour les dunes de la Teste.

3° Il en est de même des travaux de reboisement et de consolidation des montagnes ; c'est par suite de l'état du sol et des dangers qui en résultent pour les terrains inférieurs que l'obligation de reboiser est imposée à certains propriétaires. Les travaux sont exécutés par le service forestier sur des projets étudiés par les agents des forêts et les ingénieurs des ponts et chaussées ; l'utilité publique en est déclarée par un décret rendu en conseil d'Etat (loi 28 juillet 1860, art. 5) ; l'expropriation pour cause d'utilité publique est formellement autorisée (art. 7). Les contestations pour l'exécution des travaux de reboisement et des ouvrages d'art accessoires seront donc de la compétence des conseils de préfecture par voie de seule déduction juridique, et en vertu de l'article 4 de la loi du 28 pluviôse an VIII. L'article 27 du décret du 10 novembre 1864 en fournit d'ailleurs une application et un exemple formel.

III. *Juridiction compétente.* — Hors ces trois cas, il faut bien admettre, avec le Conseil d'Etat, que les conseils de préfecture ne sont pas compétents pour juger les contestations nées à l'occasion des travaux d'amélioration et d'exploitation que le service des forêts fait exécuter dans les forêts possédées par l'Etat et les communes à titre de simple propriétaire. Nous devons rechercher quelle est la juridiction compétente.

A cet égard, les rédacteurs du recueil de jurisprudence de

MM. Dalloz, dans une note dont ils font suivre l'arrêt du 2 mai 1873 (D., *P.*, 1874, III, 1), note qui a été reproduite par d'autres arrêtistes (*Journal de droit administratif*, 1874, p. 456), n'hésitent pas à se prononcer en faveur de l'autorité judiciaire. Nous n'hésitons pas, non plus, à suivre leur manière de voir en ce qui concerne les travaux communaux. Il y a, en effet, une règle admise tant par la doctrine que par la jurisprudence la plus constante : c'est que les contestations dans lesquelles on invoque un droit né d'un contrat du droit civil, vente, échange, louage de choses ou de travail, sont par leur nature étrangères au contentieux administratif. L'administration y serait en quelque sorte juge et partie, et ce n'est que lorsqu'il existe un texte de loi spécial, comme pour les ventes domaniales (L. 28 pluviôse an VIII), que les juridictions administratives peuvent exceptionnellement en connaître.

Pour les travaux communaux faits à l'occasion des biens que les communes possèdent en qualité de simples propriétaires, il n'existe aucun texte dérogatoire à la compétence des Tribunaux ordinaires. Mais il n'en est pas de même pour les marchés de travaux et de fournitures conclus pour les forêts de l'Etat, ce texte existe, c'est l'article 14, n° 2, du décret-loi du 11 juin 1806, ainsi conçu : « Le Conseil d'Etat connaît de toutes les contestations et demandes relatives, soit aux *marchés* passés avec les ministres, soit aux *travaux* et *fournitures* faits pour le *compte* de leur département. »

Ainsi, c'est au Conseil d'Etat que doivent aboutir les contestations sur ces marchés, c'est bien là l'attribution la plus formelle du litige au contentieux administratif. Mais si ce décret, qui est relatif à l'organisation du Conseil d'Etat, nous prouve bien l'existence de la juridiction administrative, il ne nous montre pas de quelle manière ce corps devra être saisi. On sait, en effet, que le Conseil d'Etat, qui est le juge ordinaire d'appel en matière administrative, est aussi, dans certaines circonstances, juge à la fois du premier et du second degré ; cela arrive, par exemple, en matière de pensions civiles, de recours pour excès de pouvoir, etc. En la matière qui nous occupe, le Conseil d'Etat devra-t-il être saisi directement ou par voie d'appel ? Question importante à cause des délais dont l'inobservation rendrait le recours non recevable.

Il faut, à cet égard, rappeler la manière dont les marchés sont liquidés. L'article 62 du décret du 31 mai 1862 sur la comptabilité publique dispose que : « aucune créance ne peut être liquidée à la charge du Trésor que par le *ministre* ou ses *délégués.* » Les cahiers des charges de l'administration des forêts approuvés par le ministre indiquent que les travaux d'amélioration ou d'exploitation seront liquidés soit par le directeur général, soit quelquefois par le conservateur des forêts.

Si la liquidation a été faite par le ministre, la contestation se portera *de plano* au Conseil d'Etat, juge du premier et du second degré. Le ministre, en effet, ne fait, en arrêtant le décompte d'un entrepreneur, qu'un acte de gestion contre lequel on se pourvoit : on ne saurait songer à s'adresser à lui, comme juge d'un acte qu'il a fait. Il y a, à cet égard, une jurisprudence qui ne se compte plus, c'est celle qui est relative à tous les grands marchés pour le service de la guerre ou de la marine. Elle est indiquée par MM. Dalloz aux répertoires, tables, etc., de leurs savants recueils, v^{is} *Marchés de fournitures*. Jamais l'autorité judiciaire ne songe à réclamer la solution des litiges qui s'élèvent entre les entrepreneurs et l'administration.

Si, au contraire, la liquidation a été faite par un délégué du ministre, celui-ci est étranger à l'acte contre lequel on se pourvoit, rien n'empêchera de porter le litige devant sa juridiction. Or nous connaissons par un texte formel le juge du second degré : c'est le Conseil d'Etat, juridiction ordinaire ; le juge du premier degré sera forcément celui qui exerce la juridiction ordinaire au contentieux administratif, ce sera le ministre du département ministériel pour le service duquel le travail ou la fourniture s'exécute.

Le seul raisonnement conduit aussi à attribuer au ministre des finances le jugement des contestations relatives aux travaux forestiers, sauf recours au Conseil d'Etat, comme cela était indiqué au cahier des charges, approuvé le 14 août 1841 (rédaction à laquelle devra revenir celui arrêté le 9 décembre 1863).

Mais en outre de ce raisonnement indirect, il y en a un autre plus explicite, tiré des textes qui attribuent, dans ce cas, juridiction au ministre pour les marchés passés avec l'Etat, et qui ne rentrent pas dans la catégorie des travaux publics. Voici à quelle occasion : une loi du 21 mars 1793 avait ordonné de *poursuivre devant le Tribunal de leur domicile* tous les entrepreneurs, marchands, ouvriers et fournisseurs qui ont passé des marchés avec les ministres ou autres agents de l'Etat et qui n'ont point rempli leur engagement. On sait que, sous l'empire de cette loi, rien ne fut plus scandaleux que les marchés faits à cette époque. L'article 322 de la constitution de l'an III crut y remédier en instituant des commissaires de la comptabilité nationale, chargés de vérifier tous les comptes de l'Etat, compte général et comptes particuliers, ainsi que leurs pièces justificatives ; les lois des 12 vendémiaire an VIII et 13 frimaire de la même année portent, qu'en exécution de cet article 322, les entrepreneurs et fournisseurs seront tenus d'envoyer leurs comptes aux ministres, qui prendront à leur égard des arrêtés exécutoires provisoirement, et les feront passer aux commissaires de la trésorerie nationale pour être statué définitivement. Un arrêté du 1er pluviôse an VIII ayant supprimé les commissaires de la trésorerie, un arrêté du 18 ventose an VIII disposa que « le ministre des finances est autorisé à prendre tous arrêtés nécessaires et *exécutoires par provision* contre les... entrepreneurs, fournisseurs... aux cas prévus par les lois des 12 vendémiaire et 13 frimaire derniers : le tout ainsi que les commissaires de la trésorerie nationale y étaient autorisés par lesdites lois. » Le Conseil d'Etat, qui n'existait pas dans le système de la constitution de l'an III, fut créé par celle de l'an VIII (art. 52) juge d'appel de toutes les contestations administratives, et par conséquent de toutes les décisions que le ministre était autorisé à prendre par provision au lieu et place des anciens commissaires.

Les contestations sur les travaux forestiers faits dans les forêts que l'Etat possède, comme un simple particulier, seront donc jugées par le ministre, sauf recours au Conseil d'Etat. Cette solution, que tous les auteurs les plus recommandables du droit administratif, MM. Serrigny, n° 1312 ; Chauveau, n° 1264 ; Cabantous, n° 704, etc., admettaient avant l'arrêt de 1852, n'est nullement contraire à l'arrêt de 1873 que nous analysons. On sait avec quelle circonspection sont rédigées les décisions de la suprême magistrature administrative. Le Conseil d'Etat ne se déclare pas incompétent ; il déclare encore moins l'autorité judiciaire compétente, il se borne à annuler d'office et pour cause d'incompétence l'arrêté du conseil de préfecture de la Haute-Garonne. Saisi comme juge d'appel d'une décision émanée d'un Tribunal qu'il croit incompétent, il doit rejeter la requête ; juge de cassation en même temps que juge d'appel, il doit annuler l'arrêté illégal, ce qui rend inutile l'examen de toute autre question. Il aurait également rejeté la requête du sieur Barliac, si celui-ci l'avait saisi directement au lieu de s'adresser d'abord au conseil de préfecture ; mais toute différente aurait été sa décision, si elle avait été provoquée par voie de pourvoi contre une décision contentieuse du ministre, ou quatre mois après le silence du ministre, comme l'autorise le décret du 2 novembre 1864 (*Rép. for.*, II, 223).

Nous ferons observer enfin, que, pour conclure en faveur de la juridiction ministérielle, nous n'avons tiré aucun argument des dispositions du cahier des charges où cette juridiction a été conventionnellement acceptée jusqu'en 1865 ; les juridictions sont d'ordre public, et toute disposition réglant la compétence par avance ne saurait lier les Tribunaux (Cons. d'Etat, 17 mai 1855; Klotz, *Rép. for.*, III, 244; 15 mai 1829, Benardière, etc., etc.). Mais si on veut bien remarquer que, dans ces litiges, il faut célérité dans l'instruction, économie dans les frais, connaissances spéciales dans l'examen, que les pièces du procès sont toutes entre les mains de l'administration, on sera convaincu que l'autorité judiciaire est mal placée pour en connaître, et que la loi du 21 juin 1793, invoquée en sa faveur, a été heureusement modifiée par les textes législatifs que nous avons indiqués.   A. Puton.

Avis du Conseil d'État. — 30 mars 1869.

Travaux d'amélioration, mise en régie, décompte final.

(Valser). — Avis.

Saisie d'un projet de décret tendant à faire remise au sieur Valser (Fortunat), à titre gracieux, d'une somme de 4129 francs qu'il devait au Trésor à raison de l'achèvement en régie de travaux de route dans la forêt de Lévier, dont il s'était rendu entrepreneur, le 5 avril 1866, la section des finances du Conseil d'État a, le 30 mars 1869, formulé son avis dans les termes suivants :

«..... Considérant que de l'examen des documents, il semblerait résulter qu'il n'a point été satisfait aux prescriptions des articles 38 et 40 du cahier des charges, lesquelles veulent qu'il soit procédé à la réception des travaux, immédiatement après leur achèvement, en présence de l'entrepreneur ou lui dûment appelé ;

« Que le décompte final desdits travaux n'aurait point été notifié au sieur Valser, et que, dès lors, celui-ci ne se trouverait pas encore mis en demeure de l'accepter ou d'y contredire par les voies de droit ;

« Qu'en cet état, le chiffre et l'existence même de la dette ne sauraient être considérés comme définitivement établis, et que, partant, il ne saurait y avoir lieu d'en faire remise ;

« Que d'ailleurs le débet fût-il régulièrement constaté, ce ne serait pas d'office, mais sur la demande des parties intéressées elles-mêmes, que la remise à titre gracieux pourrait être accordée ;

« Est d'avis :

« Qu'il n'y a pas lieu de donner suite au projet de décret présenté. »

Cet avis a été transmis au service pour servir de règle aux

agents, lorsque des circonstances analogues se présenteront, par lettre-circulaire de M. le directeur général des forêts en date du 26 avril 1869, 1re div., 2e bur., no 1732.

COMITÉ DE JURISPRUDENCE.

TRAVAUX D'AMÉLIORATION ; MISE EN RÉGIE ; FORMALITÉS, DROITS ET DEVOIRS DE L'ADMINISTRATION.

Lors de la mise en régie d'un entrepreneur de travaux d'amélioration, faut-il procéder à la réception et au décompte des travaux avant d'établir la régie? (Sol. négative.)

Quelles sont les formalités de la mise en régie, et quels droits découlent pour l'entrepreneur de leur observation?

RÉPONSE.

L'importance des travaux exécutés actuellement par le service forestier et la gravité de la mesure de mise en régie nous engagent à faire une étude complète des dispositions qui y sont relatives dans le cahier des charges approuvé par décision ministérielle du 9 décembre 1863. Elles sont ainsi conçues :

« Art. 37. Lorsqu'un ouvrage languira faute de matériaux, ouvriers, etc., de manière à faire craindre qu'il ne soit pas achevé aux époques prescrites, ou bien si l'entrepreneur était convaincu de fraude quant à la qualité des matériaux, d'incapacité ou de mauvaise foi en ce qui concerne l'accomplissement des conditions de son marché, le conservateur, dans un arrêté qu'il notifiera à l'entrepreneur, ordonnera l'établissement d'une régie aux frais dudit entrepreneur, si *à une époque fixée* celui-ci n'a pas satisfait aux dispositions qui lui seront prescrites.

« A l'expiration du *délai*, si l'entrepreneur n'a pas satisfait à ces dispositions, la régie sera organisée immédiatement et sans autre formalité.

« Il en sera rendu compte au directeur général de l'administration, qui, selon les circonstances, pourra ordonner la continuation de la régie aux frais de l'entrepreneur, ou prononcer la résiliation du marché, ou ordonner une nouvelle adjudication sur folle enchère.

« Dans ces divers cas, les excédants de prix et de dépenses seront *prélevés* sur les sommes qui pourront être dues à l'entrepreneur, sans préjudice des droits à exercer contre lui et sa caution en cas d'insuffisance.

« Si la régie ou l'adjudication sur folle enchère amenait, au contraire, une diminution dans les prix et les frais des ouvrages, l'entrepreneur ou sa caution ne pourront réclamer aucune part de ce bénéfice, qui resterait acquis à l'administration.

« Art. 38. Immédiatement *après l'achèvement des travaux*, il sera procédé à leur réception, qui sera faite, suivant les circonstances, par un ou deux agents forestiers.

« Elle sera définitive si les travaux ne sont pas soumis à la garantie.

« Dans le cas contraire, la réception sera provisoire. Il sera procédé, à l'expiration du délai de garantie, à la réception définitive.

« Art. 40. L'entrepreneur sera mis en demeure d'assister aux réceptions. Les métrages, les états d'attachement, de dépenses, de situation, et les procès-verbaux de réception devront lui être communiqués pour être acceptés par lui. En cas de refus, il déduira par écrit ses motifs dans les dix jours qui suivront la présentation desdites pièces, et, dans ce cas seulement, il sera dressé procès-verbal de l'acte de présentation.

« Présent ou absent lors de ces réceptions, l'entrepreneur ne sera jamais admis à élever des réclamations après le délai de dix jours, et, ce délai expiré, les pièces seront censées acceptées par lui quand même il ne les aurait pas signées. »

Si l'on veut bien remarquer que ce cahier des charges est presque littéralement copié sur celui approuvé pour l'administration des ponts et chaussées, par décision ministérielle du 25 août 1833, fort peu modifié par celui du 16 novembre 1866, si l'on veut bien admettre, aussi, que les contestations en cette matière aboutiront en dernier ressort au Conseil d'État (voir n° 19), on sera convaincu que nous devons fonder notre réponse sur la jurisprudence de ce conseil relevée dans le recueil de M. Lebon.

Caractère de la régie. — En droit commun, lorsque le débiteur d'une obligation de faire ne remplit pas ses engagements, on peut lui demander des dommages-intérêts (C. civ., 1142). On peut aussi obtenir de la justice que l'obligation soit exécutée à ses frais (C. civ., 1144), c'est cette exécution d'office qui est ici ordonnée administrativement, en vertu du cahier des charges et sans qu'il soit besoin de s'adresser à l'autorité judiciaire ou à la justice administrative près de laquelle la procédure des *référés* n'a point été organisée. Il en résulte que la mise en régie est une mesure d'autorité administrative active, essentiellement discrétionnaire, contre laquelle l'entrepreneur ne peut réclamer au contentieux pour en demander l'annulation ou le retrait même lorsqu'elle a été prononcée sans droit (Cons. d'État, 22 février 1821, Dubournial ; 19 juillet 1833, Dubost ; 29 mars 1855, Gaté ; 9 août 1863, Delalée). On voit par cet arrêté que l'autorité administrative contentieuse observe toujours la séparation de ses attributions et de celles de l'administration active. Si la mainlevée n'est pas prononcée à titre gracieux, l'entrepreneur ne peut obtenir que des dommages-intérêts pour le tort causé à ses droits, comme nous allons en citer des exemples.

Cette exécution d'office a la plus grande analogie avec celle qui est autorisée contre les adjudicataires des coupes vendues, par l'article 41 du Code forestier ; elle présente toutefois des différences, notamment en ce que cette dernière ne peut être prononcée que par le préfet, et après l'expiration des délais, tandis que celle des travaux d'amélioration résulte d'un simple arrêté du conservateur pris pendant ou après les délais d'exécution.

La régie diffère de la résiliation, qui est une rupture du marché prononcée par l'administration, ou obtenue par l'entrepreneur avec dommages-intérêts pour ou contre l'une ou l'autre des parties contractantes. La régie n'est pas exclusive de dommages-intérêts, mais son caractère est que le contrat continue à subsister, et que les ouvriers de l'administration sont simplement substitués à ceux de l'entrepreneur négligent ou incapable.

Effets. — Il en résulte que l'entrepreneur, non déchu de son marché et voyant un agent forestier travailler à ses frais et pour son compte, a le droit de suivre ce travail et de veiller à son chantier, sans que, bien entendu, il puisse entraver la marche des opérations (M. Aucoc, II, n° 647) ; que l'agent régisseur, substitué à l'entrepreneur, a le droit de se servir des agrès et outillages du chantier (cahier des charges, art. 26) ; que l'entrepreneur a le droit, après l'exécution, de réclamer un compte de *clerc à maître* de toutes les dépenses de la régie (Cons. d'État, 14 février 1834, Vourgive).

C'est que, en effet, il peut réclamer contre toutes les fautes lourdes, mauvaise gestion ou avaries causées par négligence ou imprudence du régisseur, et obtenir par la voie contentieuse que l'excès de dépense qui en résulterait soit rejeté de son compte, ou qu'une indemnité soit prononcée à son profit contre l'administration responsable de son agent (Cons. d'État, 31 août 1837, dép. des Deux-Sèvres ; 18 janvier 1845, Richard ; 6 juillet 1863, Ollivier.)

A part ces fautes lourdes, l'entrepreneur mis en régie supporte toutes les conséquences de l'excès de dépenses, sans pouvoir être remis à la tête de son chantier autrement que par une décision gracieuse du directeur général. Il ne peut obtenir de dommages-intérêts pour le gain qu'il aurait pu faire et dont il a été privé par le fait de la régie (Cons. d'Etat, 12 août 1848, Nobilet). Toutefois la logique veut que, si le régisseur fait exécuter les travaux à des prix plus avantageux que ceux du marché consenti avec l'entrepreneur, celui-ci profite du bénéfice de la régie, puisqu'il n'est pas déchu de son marché. Le Conseil d'Etat l'a souvent décidé, malgré la disposition du cahier des charges (Cons. d'État, 12 août 1848, Nobilet ; Cons. d'Etat, 9 avril 1849, Martine). Cette disposition, en apparence contraire, ne s'explique que parce que la mesure d'exécution forcée, régie ou folle enchère, peut causer à l'administration un préjudice à la réparation duquel elle n'a pas renoncé, conformément à l'article 1142 du Code civil. Lors du décompte final, on pourrait, à la rigueur, demander des dommages à l'entrepreneur négligent, et formuler ces dommages par une retenue sur les sommes dues ; on peut aussi le priver du bénéfice causé par la diminution obtenue sur les prix par suite de la régie. C'est ce que fait le cahier des charges, mais nous conseillons, dans ce cas, de motiver par un préjudice à réparer, le décompte ainsi établi, afin que la jurisprudence du Conseil d'Etat ne puisse pas être invoquée contre l'administration.

Formalités. — Tels sont les effets de la mise en régie ; ils sont durs contre l'entrepreneur. Mais ils n'existent qu'à la condition que la régie aura été prononcée *avec droit* et avec les *formes* qui sont la garantie de l'entrepreneur, à peine, comme nous l'avons vu, de dommages-intérêts contre l'administration. A cet égard, les articles 1139 et 1146 du Code civil veulent que l'obligation de faire soit rappelée au débiteur par une mise en demeure avant d'avoir recours à la justice : ici, l'action administrative étant substituée à l'autorité judiciaire, les significations sont faites administrativement, par un garde forestier, soit en copie et en original, soit par lettre sur simple récépissé donné par l'entrepreneur ; le ministère des huissiers est inutile ; et ce n'est qu'à titre comminatoire que la circulaire du 17 décembre 1868, n° 108, le prescrit. Mais le cahier des charges rappelle cette obligation préalable de mise en demeure, en fixant un délai passé lequel la régie sera instituée. De là est venue la pratique d'un double arrêté ordonnant : l'un, la mise en demeure ; l'autre, l'organisation de la régie, arrêté dont le cahier des charges fait même un devoir à l'administration des ponts et chaussées. Dans le nôtre, un seul arrêté du conservateur suffit, mais avec l'observation d'un délai de grâce qui en constitue la formalité essentielle. Par application de ces principes, on a décidé qu'une régie est irrégulière, quant à la forme, si on n'a pas observé le délai dont s'agit (Cons. d'Etat, 12 août 1848, Nobillet ; irrégulière quant au fond, si on l'a ordonnée pour exécuter des travaux imposés par les agents en dehors de ceux prévus au devis (Cons. d'Etat, 14 février 1821, Dupont ; Cons. d'Etat, 9 avril 1868, Martine). Par application des mêmes principes, nous pensons que la régie serait irrégulière également, si l'entrepreneur ne se trouvait pas dans un des cas prévus pour la mise en régie ; si les ouvrages languissaient par des causes autres que celle du fait de l'entrepreneur ; si le nom du régisseur ne lui était pas notifié, etc.

On a pensé qu'avant l'installation des ouvriers de la régie, on devait faire le décompte et la réception des ouvrages exécutés par l'entrepreneur (Roussel, *Dict.*, vº Régie). Cela est non-seulement inutile, mais pourrait avoir même des inconvénients sérieux : la régie n'est pas une résiliation du marché ! Comment d'ailleurs évaluer des ouvrages encore incomplets et inachevés? Quel prix leur appliquer, si ce n'est des prix résultant d'une évaluation grosse de contestations, ou d'une estimation arbitraire que rien n'autorise dans le cahier des charges? L'avis du Conseil d'Etat du 30 mars 1869, qui a été invoqué dans ce sens, ne parle que du *décompte final* prévu par les articles 38 et 40 du cahier des charges sous les noms de *réception provisoire* et de *réception définitive*, après le complet achèvement des travaux.

Exécution. — L'agent régisseur, installé dans le chantier de l'entrepreneur, devient, au point de vue de la comptabilité, un chef de travaux exécutés par économie ; il achève les travaux entrepris ; il paye ses ouvriers sur rôles de journées ou sur mémoires de fournitures, à l'aide de mandats d'avances ou de mandats de remboursement, et sur les crédits affectés à l'entreprise, sans qu'il soit besoin de désignation nouvelle. S'ils sont insuffisants, il en demande de nouveaux sans discontinuer les travaux, le conservateur peut même ne prévenir l'administration que si les augmentations nécessaires dépassent 300 francs (circ., nº 22, art. 234). Le directeur général ordonne seul la mainlevée ou la continuation de la régie.

Réception. — Il ne faut jamais confondre les règles de la comptabilité avec les règles du droit relatives aux obligations qui naissent du marché. Celui-ci subsistant toujours malgré la mise en régie, c'est quand cette voie d'exécution a prouvé l'achèvement complet des travaux, qu'il est procédé à la réception. L'entrepreneur y est appelé et le décompte final (réception provisoire) s'établit comme si l'entrepreneur avait exécuté lui-même la totalité des travaux : les erreurs de métrages, les désignations nouvelles de carrières, les changements pour motifs d'utilité ou d'économie, modifient plus ou moins la somme prévue au devis primitif. De la somme totale qui serait due à l'entrepreneur, s'il avait exécuté lui-même tous les travaux, on déduit : 1° les à-compte payés ; 2° les sommes dépensées et payées pour la régie. De cette façon, l'entrepreneur jouit des prix du devis et paye toutes les augmentations de dépenses causées par la régie. S'il est jugé utile de lui faire une déduction pour des économies causées par la régie, par exemple pour de la charpente évaluée 50 francs le mètre cube et que le régisseur avait achetée 40 francs, il en est fait une réduction spéciale à titre de dommages-intérêts, comme nous l'avons indiqué ci-dessus ; mais il arrivera bien rarement qu'une économie bien nette soit acquise sur des travaux commencés, et dont l'achèvement est assuré par une régie à la journée ou à la tâche. Le décompte ainsi établi n'engage pas encore l'administration ; il n'engage l'entrepreneur que s'il est accepté par lui, ou s'il a laissé passer le délai de dix jours qui lui est accordé pour formuler ses griefs, à peine de déchéance, soit contre les opérations de la régie, soit contre les évaluations du décompte. C'est seulement après ce délai, ou après le jugement des réclamations, s'il en a été formulé, qu'il est possible de connaître exactement la somme due à l'entrepreneur ou due par lui, le droit acquis contre le Trésor ou le débet à son profit, selon le langage du droit administratif financier (Avis du Conseil d'Etat du 30 mars 1869).

Le secrétaire : A. Puton.

COMITÉ DE JURISPRUDENCE.

Garde particulier ; serment ; enregistrement au greffe.

Le garde particulier d'un propriétaire dont les bois sont situés dans plusieurs arrondissements doit-il prêter serment devant chaque Tribunal de la situation du bois, ou peut-il, après avoir prêté serment devant le Tribunal de sa résidence, faire enregistrer sa commission et l'acte de prestation de son serment au greffe des autres Tribunaux ?

RÉPONSE.

Cette question, sur laquelle nous ne connaissons aucune jurisprudence, a été résolue en différents sens par les personnes qui l'ont posée : M. Rousset, *Dict. des for.*, vᵒ GARDE PARTICULIER, nᵒ 9, se prononce pour la pluralité des serments ; MM. Giraudeau et Lelièvre, *Lois usuelles annotées*, CHASSE, nᵒˢ 1119 et 1124, inclinent vers un seul serment avec enregistrement dans les autres Tribunaux : aucun ne donne de motif à sa résolution.

La solution la plus rationnelle est qu'il doit y avoir autant de serments que de Tribunaux dans le ressort desquels les bois sont situés. Elle se justifie par les raisons suivantes :

1ᵒ Ce n'est que d'une manière tout à fait exceptionnelle que les gardes forestiers de l'État sont admis à remplacer le serment qu'ils ont prêté devant un Tribunal par l'enregistrement de la commission et de l'acte de serment dans les arrondissements voisins, et cela par un argument tiré des articles 5 et 160 du Code forestier. D'après l'article 160, les gardes forestiers sont compétents, non pour leur seule circonscription administrative, mais *dans toute l'étendue* de l'arrondissement du Tribunal près duquel ils sont assermentés ; or, l'article 5 déclare dans son paragraphe 2 que, quand ils exercent leurs fonctions dans un *autre ressort*, il n'y a pas lieu à une autre prestation de serment ; l'enregistrement prescrit par le paragraphe 1ᵉʳ doit donc être seul accompli (Cass., 10 septembre 1847, Forêts c. Moins, D., *P.*, 1847, IV, 441 ; *Ann. for.*, IV, 266). Mais, pour les gardes des particuliers, l'article 5 est remplacé par l'article 117 dans lequel il est simplement indiqué que « ces gardes ne peuvent exercer leurs fonctions qu'après avoir prêté serment devant le Tribunal de première instance, » et l'article 160 n'est certainement pas applicable aux gardes des particuliers, car l'article 189 du Code ne renvoie qu'aux articles 161, 162, 163, etc., en omettant à dessein l'article 160 pour les dispositions relatives à la poursuite des délits commis dans les bois des particuliers.

2ᵒ A quel titre, d'ailleurs, les gardes particuliers invoqueraient-ils une faveur faite aux gardes d'une administration publique ? ils ne sont pas fonctionnaires, mais de simples mandataires du propriétaire, dont la loi permet de faire des officiers de police judiciaire, à la stricte condition que toutes les garanties organisées en faveur des justiciables soient scrupuleusement accomplies. Au nombre de ces garanties est certainement le serment professionnel qui remplace le serment des témoins, et valide seul les procès-verbaux près du Tribunal devant lequel ils sont invoqués.

Le Secrétaire : A. PUTON.

BIBLIOTHÈQUE NATIONALE — R. F. — IMPRIMÉS

www.ingramcontent.com/pod-product-compliance
Lightning Source LLC
LaVergne TN
LVHW010210060726
842524LV00005B/2110